中国少年儿童科学普及阅读文库

探索·科学百科 ™ 中阶

交通工具的运转

TANSUO
KEXUEBAIKE
★★★★★
1级C4
探索·科学百科

[澳]罗伯特·库珀⊙著

冯薇(学乐·译言)⊙译

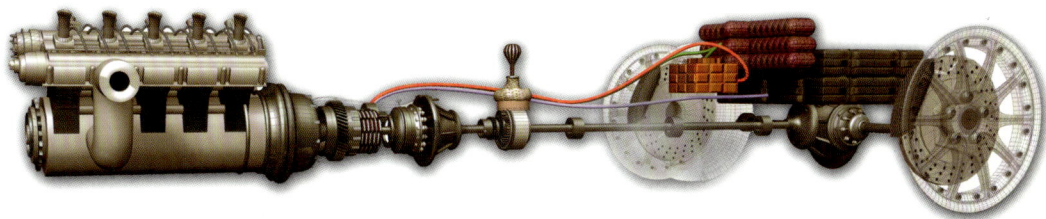

Discovery
EDUCATION ™

全国优秀出版社
全国百佳图书出版单位
广东教育出版社

广东省版权局著作权合同登记号

图字：19-2011-097号

本书原由 Weldon Owen Pty Ltd 以书名*DISCOVERY EDUCATION SERIES·Wheels, Wings, and Motors*（ISBN 978-1-74252-159-6）出版，经由北京学乐图书有限公司取得中文简体字版权，授权广东教育出版社仅在中国内地出版发行。

图书在版编目（CIP）数据

Discovery Education探索·科学百科. 中阶. 1级. C4，交通工具的运转 / [澳]罗伯特·库珀著；冯薇（学乐·译言）译. — 广州：广东教育出版社, 2012.6

（中国少年儿童科学普及阅读文库）

ISBN 978-7-5406-9085-4

Ⅰ. ①D··· Ⅱ. ①罗··· ②冯··· Ⅲ. ①科学知识—科普读物 ②交通工具—少儿读物 Ⅳ. ①Z228.1 ②U-49

中国版本图书馆 CIP 数据核字 (2012) 第086432号

Discovery Education探索·科学百科（中阶）
1级C4 交通工具的运转

著 [澳]罗伯特·库珀　译 冯薇（学乐·译言）

责任编辑 张宏宇 李 玲　助理编辑 能 昀 李开福　装帧设计 李开福 袁 尹

出版 广东教育出版社
　　　地址：广州市环市东路472号12—15楼　邮编：510075　网址：http://www.gjs.cn

经销 广东新华发行集团股份有限公司　　　　印刷 北京盛通印刷股份有限公司

开本 170毫米×220毫米 16开　　　　　　印张 2　　　字数 25.5千字

版次 2012年6月第1版　2012年6月第1次印刷　　装别 平装

ISBN 978-7-5406-9085-4　　定价 8.00元

内容及质量服务 广东教育出版社 北京综合出版中心
　　　　　电话 010-68910906 68910806　网址 http://www.scholarjoy.com

质量监督电话 010-68910906 020-87613102　购书咨询电话 020-87621848 010-68910906

Discovery Education 探索·科学百科（中阶）

1级C4 交通工具的运转

全国优秀出版社
全国百佳图书出版单位

广东教育出版社

目录 | Contents

轮子，轮子，轮子

我们依靠轮子进行运输、发电以及其他的一些用途，它们是大部分机器上不可或缺的组成部分，包括我们在家里用到的开罐器等简单的器具也会用到轮子。人类大约是在 5 000 年前开始使用轮子的，约 4 000 年前，在土耳其的战车上首次出现了带有辐条的轮子。

古罗马
轮子变得更轻、更宽，并且安装了辐条。

远古时代
人类利用原木把重物从一个地方运到另一个地方。

古苏美尔
木头被固定在一起，并制作成轮子的样子。

约公元前4000年
人类把所伐的树加工成原木，用来运送盖房子用的大石头。

约公元前1000年
古埃及人的战车上使用了轻木车轮和辐条。

约公元前300年
古罗马人在修建道路，用货车把货物从一个地方运送到另一个地方。

早期的火车车轮
由实铁制成，并连在一起。

自行车车轮
充气轮胎首次出现在自行车上。

摩托车车轮
橡胶轮胎上设计了胎面，能够增加摩擦力，避免轮胎在道路上出现打滑的现象。

19世纪
搭载了旅客和货物的蒸汽火车以前所未有的速度完成长距离运输。

约1870年
早期的自行车骑起来颠簸不平。当时的自行车，例如图中的高轮车，使用的是实心橡胶轮胎。

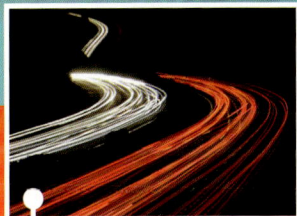

现代
今天，我们越来越依赖速度较快的汽车、卡车和其他道路交通工具。

从马车到汽车

千百年来，人类一直使用马和其他动物来拉战车、推车和其他种类的货车。直到 1886 年，出现了人类历史上的第一辆由汽油发动机驱动的现代汽车。约 20 年后，较为富裕的国家中已经有不少人能买得起汽车并自行驾驶。如今全球每年的汽车生产量为 4 000 万辆。

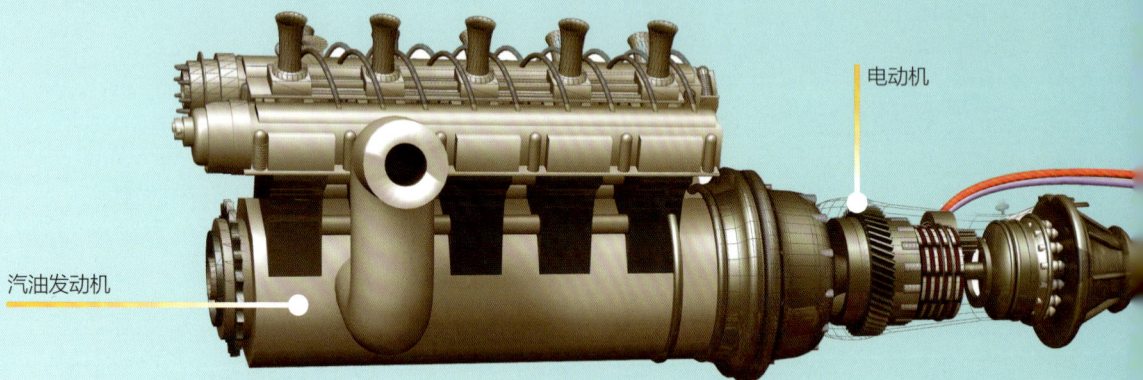

电动机

汽油发动机

约公元前1000年
古埃及人乘坐用马拉的木轮战车参加战斗。

1769年
尼古拉·约瑟夫·屈尼奥
（Nicolas-Joseph Cugnot）
在法国发明了蒸汽动力车，但是它的前进速度非常慢。

混合动力汽车

　　汽油发动机所产生的尾气会对大气造成污染。混合动力汽车则安装了一个小型汽油发动机，同时还安装了一个提供清洁动力的电动马达，这种汽车要比那些纯使用汽油的汽车更为清洁。

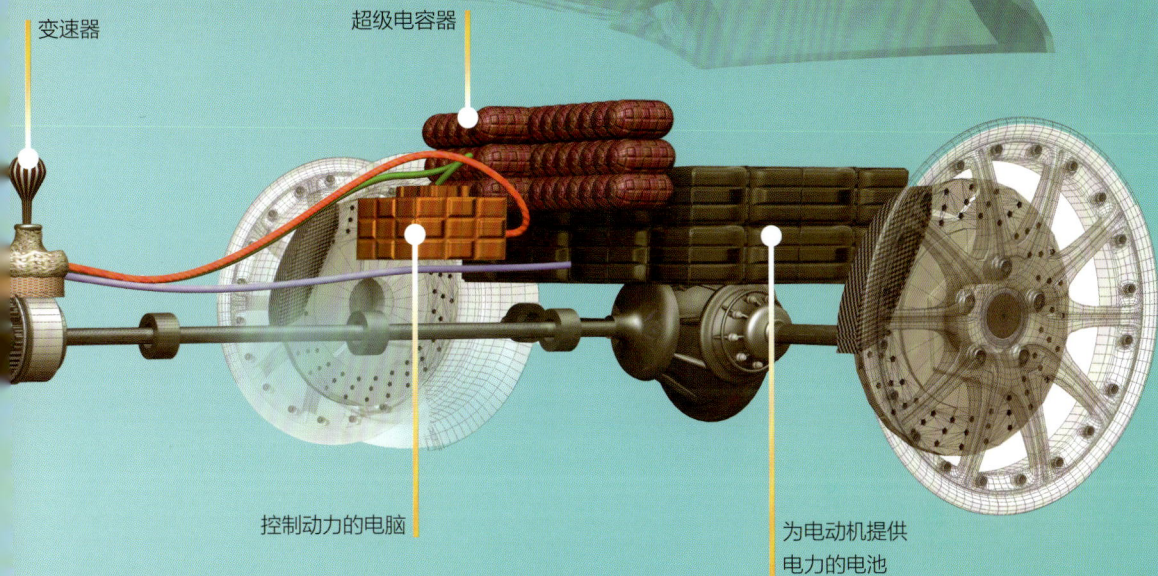

变速器

超级电容器

控制动力的电脑

为电动机提供电力的电池

1886年
第一辆由汽油发动机驱动的汽车在德国制造出来，这辆汽车使用了木轮和钢制轮胎。

1908年
亨利·福特（Henry T. Ford）制造出第一辆"T型"汽车，随后风靡全球。

1997年
第一款同时使用汽油和电力的混合动力汽车被制造出来。

早期的自行车

第一辆自行车所使用的是木制轮子或实心橡胶轮胎。直到1887年，约翰·邓禄普（John Dunlop）为他儿子的自行车发明了今天我们所使用的充气轮胎。

自行车

现代的自行车是在约130年前被发明出来的，在此之前，自行车比较难骑，速度很慢，而且并不安全。如今，自行车已经成为许多人的主要交通工具，此外它也经常被用来当作休闲和比赛的工具。

自行木马（Dandy horse）1790年

骑这种自行车，需要骑手用脚不断蹬地才能前行。

前轮大、后轮小的脚踏车 1870年

骑手坐在大大的前轮上面，使用踏板驱动自行车前行。

哈雷·戴维森（Harley-Davidson）

这家美国公司已经生产了超过100年的摩托车，这一辆是1926年生产的。

哈雷摩托车

哈雷摩托车通常有一个大大的前轮，后轮则比较宽，比较低。

比较安全的自行车 1879年

第一款安装了链条的自行车，通过踏板和链条来驱动自行车的后轮。

环法自行车赛

每年在法国举办的著名公路自行车赛，全程约 3 000 千米，时间持续 3 个星期，是对每一位参赛选手力量和技巧的综合考验。

摩托车

第一辆搭载汽油发动机的摩托车于 1885 年在德国被制造出来。9 年后，依然是在德国，威廉·希尔德布兰德（Wilhelm Hildebrand）海因里希·希尔德布兰德（Heinrich Hildebrand）兄弟俩和阿洛伊斯·沃夫穆勒（Alois Wolfmüller）一起制造了第一辆安装有充气橡胶轮胎的摩托车，随后摩托车被广泛应用于运输和各种比赛。

轨道上的车轮

现在的火车大多用的是金属车轮，所走的轨道也都是金属制成的。第一列和今天的火车比较相似的火车是在 19 世纪中叶制造出来的，它搭载了蒸汽发动机，能够同时拉动多个客厢或货厢，客厢中是乘客，货厢中则是煤炭或其他货物。安装有发动机的那节火车被称为机车，在机车的前面，水被煤火不断加热到沸腾，产生的蒸汽能够推动金属车轮，从而带动火车沿着平行的金属导轨前进。

1804年
第一台搭载蒸汽发动机的火车头拉着矿用卡车前进。

1829年
乔治·斯蒂芬森（George Stephenson）的"火箭"成为后来机车发展的模型。

1874年
此时机车的输出功率已经很强大了，能够以更快的速度拉动更重的负载。

有轨电缆车

从 19 世纪 70 年代起，来到美国旧金山的游客一般都会比较喜欢乘坐有轨的四轮电缆车穿越在旧金山起起伏伏的街头，缆车的司机（又称"挂车工"）使用一个杠杆来控制缆车的起止和行驶速度。

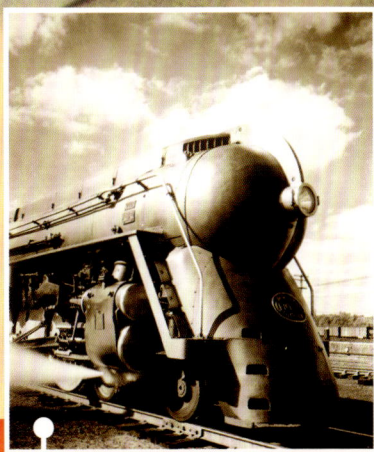

东方快车

这列著名的列车东起法国巴黎，西至土耳其的伊斯坦布尔，一共运行了80多年，直到1977年才停运。

1935年
流线型机车，现在的速度已经超过了每小时160千米。

20世纪40年代
柴油发动机与电动机相互结合，再次提升了火车的输出功率。

今天
巨大的柴油动力列车能够实现长距离的矿石运输。

列车的今天和明天

电动火车目前在世界大部分地区比较普遍，火车的动力来自于上方的电线或下面的轨道。而"单轨火车"则运行在比较宽的单条轨道上，火车的两侧会完全盖住轨道，安装有橡胶轮胎的车轮沿着轨道的边缘行进，火车依靠电动马达驱动。在有些地方，"单轨火车"会用来运送大城市中的乘客。目前最为先进的火车并不依靠轮子前进，它们被称为"磁悬浮列车"。

未来的火车

这是未来的磁悬浮列车的设计图，它可能会出现在瑞士和法国的地下，以极快的速度运送乘客。

不可思议！

位于中国上海的一列磁悬浮列车，运行在机场和城区之间，最高时速为431千米。

没有轮子

磁悬浮列车能够悬浮在轨道上面，列车车底和轨道上都安装了磁力强大的磁铁，巨大的磁力能够让列车悬浮起来，然后实现高速行驶。

单轨铁路

位于澳大利亚悉尼的一条单轨铁路，1988年开始营业，主要运送城市部分地区的乘客，平均时速为约32千米。

车底的
磁铁

轨道上的
磁铁

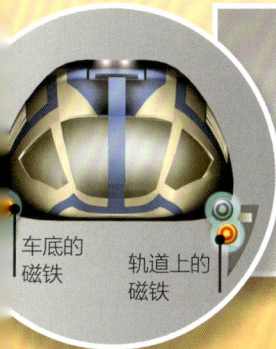

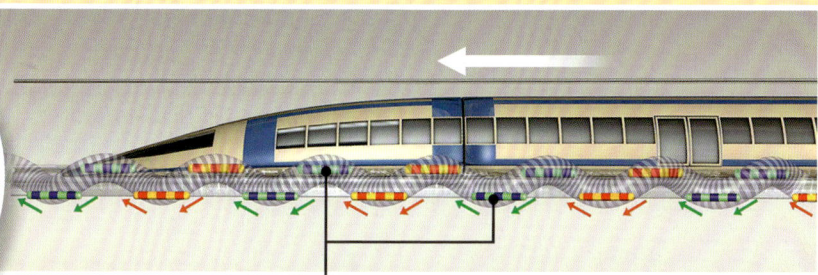

安装在列车两侧的导向电磁铁能够把列车稳定在
轨道上方，并控制列车的前进速度。

从帆到蒸汽

船的发明时间比轮子要早，在 4 万多年之前，人类就经常划着独木舟跨越浅海地区。大约 5000 年前，埃及人发明了第一艘帆船。大约 2000 年前，中国的水手发明了方向舵，这让船的转向变得更为容易。经过数世纪的发展，人类已经制造出更大、更快、更安全的帆船，能够完成长距离的世界航行。在 19 世纪，大型轮船开始以比较快的速度把人和货物舒适地跨越海洋运送到世界各地。

约公元前1000年
水手们驾驶着依靠桨和帆充当动力的轻木舟穿越太平洋。

15世纪早期
巨大的帆船从中国起航，目的地有印度、东南亚、非洲和中东地区等。

约公元前3500年
沿着尼罗河向前航行的埃及贸易船只。

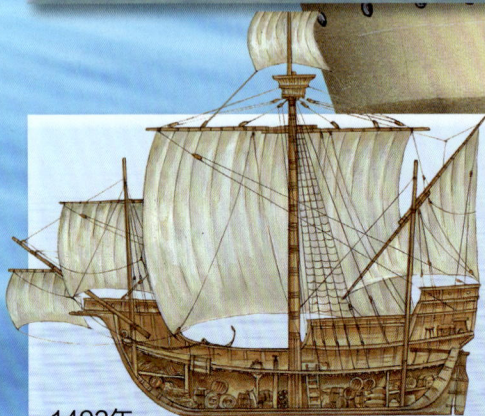

1492年
"圣玛丽亚"号——克里斯托弗·哥伦布（Christopher Columbus）船队的主船，该船队曾完成了从西班牙到美国的航行。

19世纪中叶

"快速帆船"拥有巨大的船帆，能够为船提供巨大的前进动力。

20世纪初

大型远洋客轮，由强大的蒸汽涡轮发动机驱动，能够带着乘客跨越大西洋。

今日船舶

大多数现代船舶的动力来自于安装在船尾水下位置的大型螺旋桨。在早期，船舶发动机采用的是蒸汽动力，现在使用的则是柴油燃料。螺旋桨通过不断旋转来推动船只在水中迅速前进，此外在船尾螺旋桨附近安装有方向舵，用来控制船只的前进方向，当它向某个角度推向某个方向时，船就会转向相反的方向。

油轮

油轮用来运输制作汽油和其他产品的原油，这些油会储存在甲板以下、位于船体内部的大罐之中。

豪华游轮

如今大部分人选择飞机作为长途旅行的工具，但仍然有不少人会选择豪华邮轮来度一个长长的假期。

集装箱船

　　甲板上整齐地码放着集装箱，箱子里的货物多种多样，可能会来自各个国家。

私人船只

　　有些人能够为自己买一艘快艇或安装电动机的游艇，他们可以带上自己的朋友一起去海上休假，或进行一次短暂的海上旅游。

人类的首次飞行

千百年来，世界各地的人们都梦想着能够实现飞行的愿望。在许多古老的传说中都有关于人和神能够飞翔的说法，其中还有一个古希腊的神话甚至还谈到了一匹会飞的马——珀加索斯（Pegasus）。然而，直到 1783 年，人类才实现了首次飞行，在那年的 10 月 19 日，蒙哥尔费兄弟艾蒂安（Etienne）和约瑟夫（Joseph）在法国巴黎释放了一个坐有两个人的热气球，并安全返回地面，当时地面上有一大群无比惊讶的人驻足观看了这一历史性的事件。

你知道吗？

在人类实现首次飞行前的一个月，鸭、鸡、绵羊成为有史以来的第一批乘坐蒙哥尔费热气球完成飞行的乘客，这次飞行持续了8分钟。

拴住气球的绳子

木制支柱

对空气进行加热

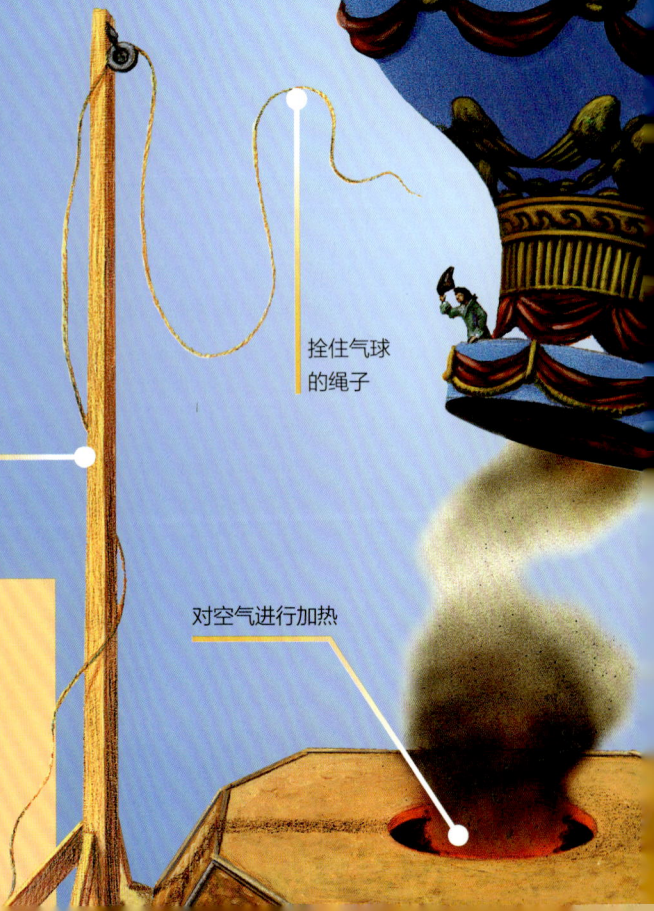

火力

热空气比冷空气要轻，所以当蒙哥尔费兄弟的气球内的空气被底部的火加热时，整个气球就被带离地面，而当气球内的空气慢慢冷却下来之后，气球和乘客也会随之缓缓下降。

用丝绸和纸张制成的气球

加热和冷却

现代的热气球上安装了气体燃烧器，气球中的飞行员能够通过调节热量的大小来控制热气球的飞行高度。当气球需要降落时，飞行员会拉动放气拉绳，这会在气球顶部打开一个通风口，释放出部分热空气，从而实现降落。

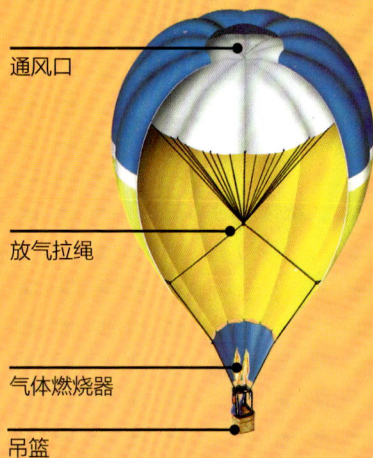

通风口

放气拉绳

气体燃烧器

吊篮

早期的设计

意大利知名艺术家和发明家列奥纳多·达·芬奇（Leonardo da Vinci）曾经绘制过一张基于鸟类翅膀的飞机构想图，被称为"扑翼飞机"。

飞行先驱者

19 世纪末，许多发明家争相制造出一些重于空气的飞行器，由此出现了一些非常古怪和奇妙的机器，其中大部分飞行器上安装了沉重的蒸汽发动机，这些飞行器没有一个能够真正飞起来的。1853 年，一次早期的、成功的、"重于空气"的飞行由乔治·凯莱爵士（Sir George Cayley）制造的滑翔机完成了，这架滑翔机没有使用任何发动机，它们利用空气中的气流进行飞行。这种情形一直持续到 1903 年，奥维尔·莱特（Orville Wright）制造的搭载发动机的飞机才完成了首次飞行。

莱特兄弟

威尔伯·莱特和奥维尔·莱特两兄弟在1903年成功制造出第一架搭载发动机的、能够飞行的飞机，其中飞机上的大型螺旋桨就是由一个汽油发动机驱动的。

蒸汽发动机

1894年的英格兰，海拉姆·马克西姆爵士（Sir Hiram Maxim）所制造的内置蒸汽发动机的飞机，这架飞机并没有离开过地面。

早期的滑翔机

1853年，乔治·凯莱的滑翔机能够飞行275米，飞机上的飞行员是凯莱的一个佣人。

飞越大西洋

　　1927年，查尔斯·林德伯格（Charles Lindbergh）成为第一个开飞机飞越大西洋的人，本次飞行从美国纽约出发，终点是法国巴黎，而他的飞机被命名为"圣路易斯精神"。

第一架喷气式飞机

　　1939年，第一架喷气式飞机"海因克尔·荷178"从德国机场成功起飞。空气从飞机的前端吸入，而热气则从飞机尾部喷射出来。

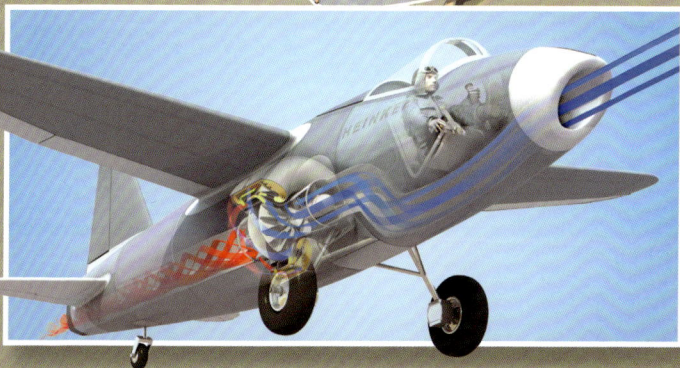

长途飞行

19 世纪和 20 世纪初的飞行先驱们可能永远无法想象到今天的飞机会搭载着千百万人飞往世界各地。人类历史上第一架客机是亨德利·佩奇公司生产的 W8，这家双翼飞机拥有两个下翼和一个上翼，能够搭乘 15 位乘客完成从英国伦敦到欧洲其他地区的航行，W8 的时速约为 137 千米，驾驶员和副驾驶员则坐在飞机前方的驾驶舱中。相比之下，现代的一些飞机能够搭乘 800 多人，时速则高达 900 千米。

不可思议！

协和客机的时速高达 2 125 千米——比声速还要快，从纽约到巴黎只需要三个半小时。

哈维兰公司的DH106彗星客机
（DH106 Comet）

人类历史上的第一架喷气式客机，载客量44人。

洛克希德公司的L-188伊莱克特拉客机

1957年开始投入使用，载客量超过100名。

波音747

20世纪70年代开始投入使用，这是一架使用时间超过30年的标志性"大型长途客机"。

道格拉斯公司的DC-3客机

　　1935年推出，能够在保证安全性和舒适性的情况下运载21名乘客，这是第一架真正意义上投入运营的现代客机。

空客的A380

　　有史以来由人类制造的最大的客机，最多能够搭载800人，舱内分上下两层。

协和客机

　　协和客机于1969年推出，是有史以来最快的客机，飞行于美国纽约、法国巴黎和英国伦敦之间。协和客机的"鼻子"能够上下移动，有助于飞机的降落和起飞。2001年，一架协和客机在巴黎附近坠毁，后于2003年停止飞行。

"鼻子"向上用以飞行

"鼻子"向下用以降落

"鼻子"调低用以起飞

离开地球

千百年来，人们一直在使用望远镜了解宇宙中的行星和恒星。但直到50年前发生了改变，科学家发射了第一颗人造地球卫星——斯普特1号（Sputnik 1），这颗人造地球卫星在外太空中围绕地球飞行。4年后，俄罗斯宇航员成为进入太空的第一人，他围绕地球飞行了108分钟。此后，美国宇航员又相继6次抵达月球，越来越多的宇航员进入到太空中。而一些无人驾驶的探测器也被发射到其他行星上，为人类发回大量关于这些行星的信息。

不可思议！

地球上首次进入太空中的生物并不是人类，1957年，俄罗斯的一只名叫"莱卡"的狗跟随卫星完成了首次太空旅行。

1957年
人类历史上的第一颗人造地球卫星"伴侣1号"发射成功。

1961年
太空旅行第一人——来自苏联的尤里·加加林（Yuri Gagarin）。

1962年
第一个环绕地球飞行的人——来自美国的约翰·格伦（John Glenn）。

1962年
美国"水手2号"抵达金星，成为首个抵达另一个星球的探测器。

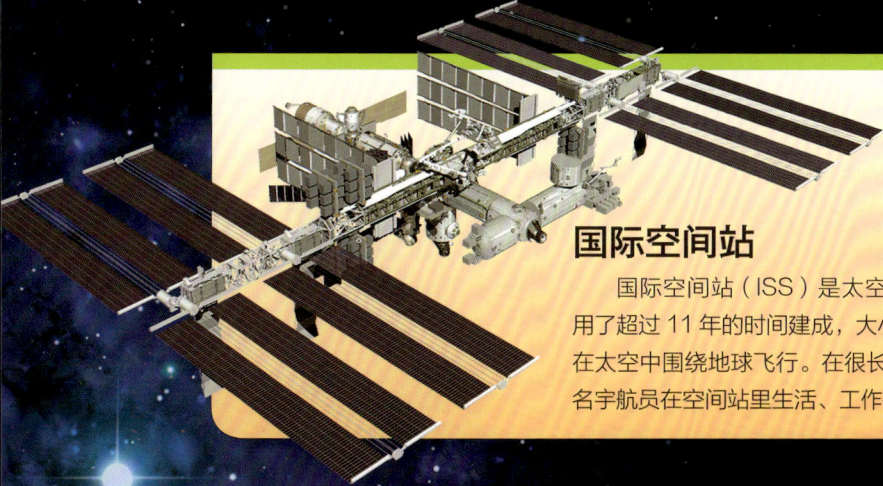

国际空间站

国际空间站（ISS）是太空中的一个庞大的建筑，用了超过 11 年的时间建成，大小和一个足球场差不多，在太空中围绕地球飞行。在很长的一段时间里，共有 7 名宇航员在空间站里生活、工作并进行太空实验。

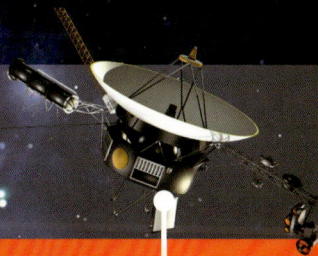

1969年
人类首次登上月球。

1976年
"海盗1号"（Viking 1）成为第一个登陆火星的太空探测器。

1989年
第一个登陆海王星的太空探测器——旅行者2号（Voyager 2）。

1989年
国际空间站的第一部分被发射到太空之中。

进入太空并返回

在1969年到1972年间，美国的宇航员一共登陆月球6次，他们所乘坐的登月工具是"阿波罗"系列飞船，宇航员被安排在飞船前部的指令舱中。在飞行过程中，为飞船提供主动力的火箭分离坠落，在宇航员返回地球时，只剩下指令舱坠落到海洋之中，而指令舱也无法再重复使用。1981年，美国发射了一种能够多次进入太空的飞行器，在它返回地球时，能够像飞机一样降落在跑道上，这就是人类历史上的第一架航天飞机。

驾驶舱
指挥官和飞行员在此对航天飞机进行控制。

隔热层
在航天飞机进入地球大气层之后，用来隔离与大气激烈摩擦所产生的巨大热量。

在月球上
宇航员依靠登月舱（阿波罗飞船的一部分）登陆月球，图中靠后的那个比较高的物体就是登月舱。

机械臂
用来移动有效载荷舱中的卫星和其他设备。

宇航员
穿着太空服的宇航员在航天飞机外面对卫星进行维修。

主发动机
三个主发动机从一个航天飞机的外部油箱处获得燃料。当航天飞机围绕地球轨道飞行时，这个油箱会脱离。

航天飞机
　　航天飞机的宇航员能够把新卫星释放到太空之中，他们可以对轨道上已有的卫星进行维修，还可以进行相关的科学实验。航天飞机也能够把宇航员和相关补给带到国际空间站中。

有效载荷舱
航天飞机中的卫星和其他设备放在这个部分。

舱门
位于有效载荷舱的后边，用来让设备进出。

轨道发动机
位于尾部的两台发动机，用来在航天飞机围绕地球飞行时对其进行控制。

美国正计划制造一种新型飞船，能够探索像火星这样比较远的星体。

知识连线

请你根据 A 栏中的描述与 B 栏中的名词连线配对。

A

1 用来协助船舶和飞机前进的装置

2 19世纪期间船舶和火车的主要动力

3 制造第一个热气球的兄弟俩

4 最先在船上使用方向舵的古代人

5 一种能够在轨道上方不依靠轮子行驶的列车

6 登陆月球的飞船

7 飞行速度超过音速的客机

8 一种前轮大后轮小的自行车

B

磁悬浮

最早的自行车

中国人

阿波罗

协和客机

螺旋桨

蒸汽机

蒙哥尔费

知识拓展

宇航员 (astronauts)
进入太空或在太空工作的人。

双翼飞机 (biplane)
一种旧式飞机，拥有上下并列配置的两副机翼。

计算机 (computer)
能够自动执行任务的机器，如进行计算或控制其他机器进行工作等。

柴油 (diesel)
重油的一种，能够作为一些机动车辆、船舶和火车的燃料。

汽油 (gasoline)
用石油制成的液体，极易燃烧，能够作为许多汽车、飞机和其他机器的燃料。

混合 (hybrid)
由两种不同类型的东西混合而成的混合物。如混合动力汽车就拥有两个不同类型的发动机。

标志性 (iconic)
某类事物的代表。

帆船 (junk)
一种平底的帆船，在中国和亚洲其他地区比较普遍。

邮轮 (liner)
一种大型船只，能够携带乘客完成长途海上旅行。

登月舱 (Lunar Module)
宇航员在从登月飞船前往月球表面时用到的一种机器。

磁悬浮 (maglev)
一种能够悬浮在轨道上行驶的单轨火车，"磁悬浮"是磁力悬浮的简称。

单轨火车 (monorail)
一种在单轨道上行驶的火车。

探测器 (probes)
一种被发射到太空中，前往其他星体进行探测的机器，它们会把相关的科学信息发送回地球。

螺旋桨 (propeller)
由一组刀片组成，通过在水中或空中快速旋转来推动船只或飞机的前进。

火箭 (rockets)
一种由燃烧型气体推动的运输工具，动力源位于尾部，推动火箭向前或向上前进。

卫星 (satellites)
一种能够环绕地球或其他星体飞行的机器，可以把相关信息发送回地球。

辐条 (spokes)
用来连接轮子外缘和轮子中心的杆或条。

涡轮 (turbine)
一种含叶片的轮子，由气体（如蒸汽）或液体（如水）驱动，能够获得极快的速度。涡轮可以用来驱动发动机或发电。

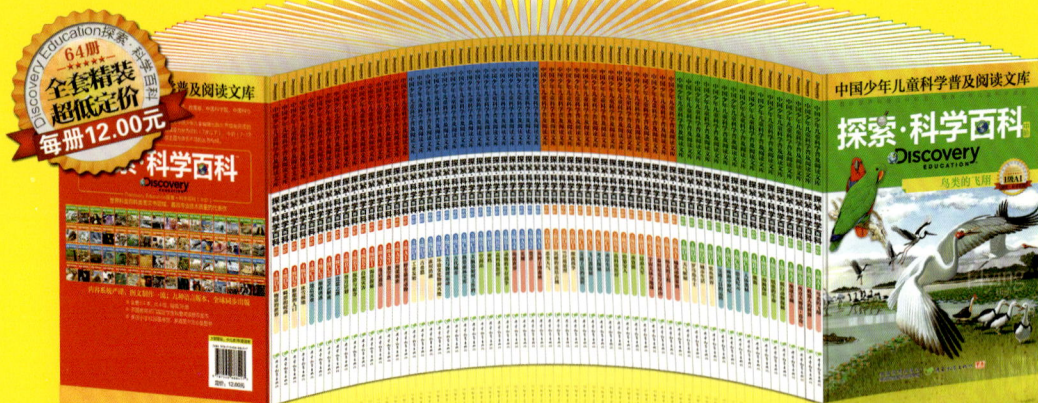